AF252696

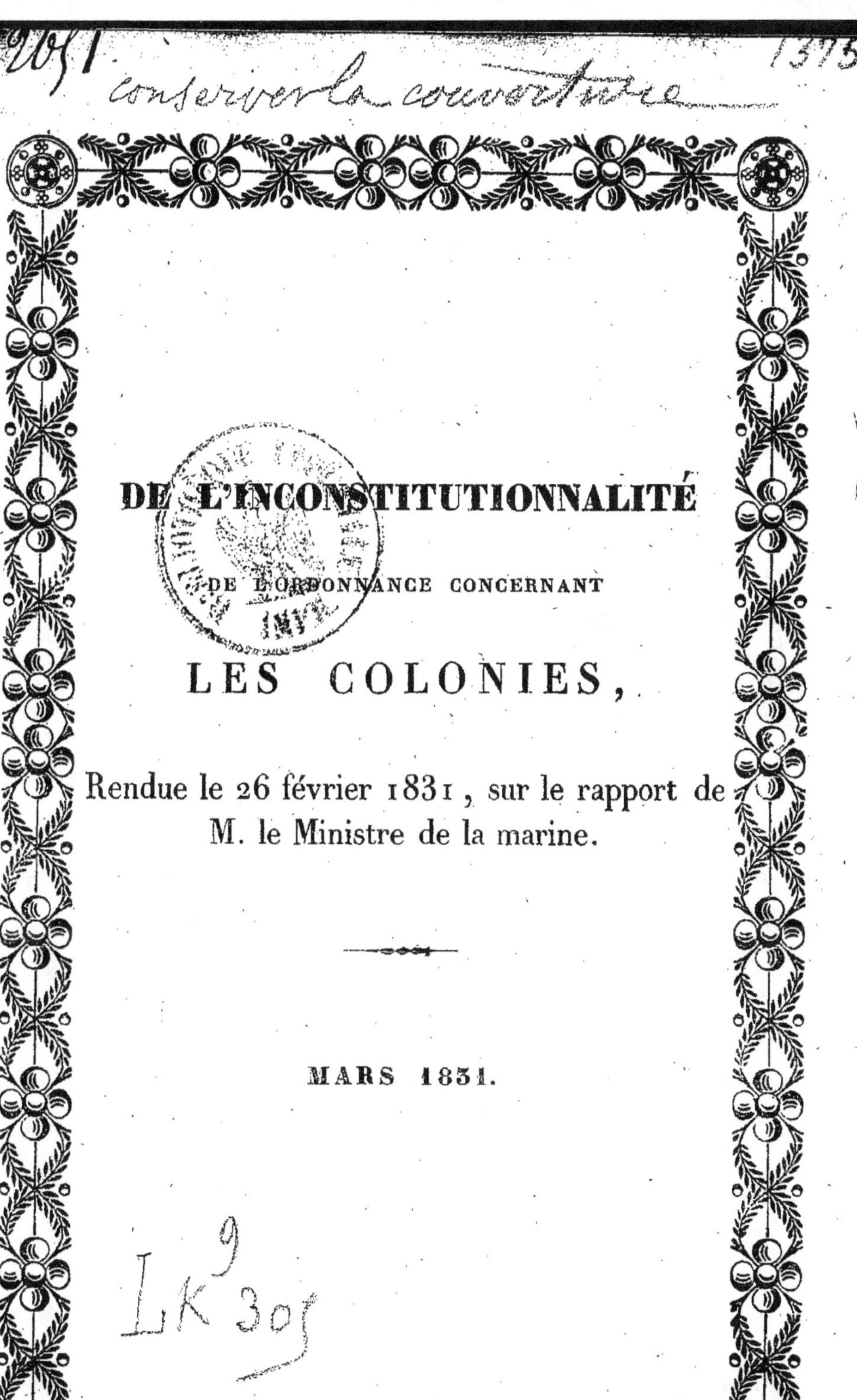

DE L'INCONSTITUTIONNALITÉ

DE L'ORDONNANCE CONCERNANT

LES COLONIES,

Rendue le 26 février 1831, sur le rapport de
M. le Ministre de la marine.

MARS 1831.

DE L'INCONSTITUTIONNALITÉ

DE L'ORDONNANCE CONCERNANT

LES COLONIES,

Rendue le 26 février 1831, sur le rapport de M. le Ministre de la marine.

La Charte de 1830 ne serait-elle pas pour les Français d'outre-mer *une vérité*, comme pour ceux de la métropole ? On est tenté de le craindre à la lecture d'une ordonnance du 26 février 1831, rendue sur le rapport de **M.** le ministre de la marine, et dans laquelle se trouvent les dispositions qui suivent :

« En attendant la confection des lois par les-
» quelles les colonies doivent être régies en vertu
» de l'art. 64 de la Charte,

» Sont et demeurent abrogés, en ce qui con-
» cerne les dispositions qui ont restreint, à l'égard
» des personnes de couleur libres, la jouissance
» des droits civils, les arrêtés coloniaux por-
» tant promulgation du code civil à la Martini-
» que, etc., etc. ;

» Est également abrogée la déclaration du 5 fé-
» vrier 1726, etc. »

Ainsi, d'un trait de plume, la législation fon-
damentale d'un pays s'écroule, disparaît sous l'ar-
bitraire *ordonnancé* du ministre; peu importe,
du reste, les intérêts qu'une décision de ce genre
doit naturellement blesser ; peu importe les droits
qu'elle choque, les existences qu'elle compromet :
tel est son bon plaisir.

Le tout, néanmoins, en attendant la confection
des lois par lesquelles les colonies doivent être
régies en vertu de l'art. 64 de la Charte ; car il
faut toujours rendre hommage aux principes,.....
dût-on ne pas s'y conformer.

Une telle manière d'administrer peut être com-
mode pour déférer à d'impatientes exigences,
pour satisfaire quelques sentimens de prédilec-
tion ; mais assurément elle n'est pas constitution-
nelle ; je ne sais même si elle est convenante
envers les Chambres.

L'interprétation sophistique des doubles expres-
sions que renfermait l'art. 73 de la Charte de
1814 (1), était de nature à ouvrir une large voie
aux caprices ministériels ; mais l'art. 64 de la
Charte de 1830 (2), ne laisse plus de doute ; il

---

(1) Charte de 1814, art. 73. « Les colonies seront régies par des
lois et *règlemens* particuliers. »

(2) Charte de 1830, art. 64. « Les colonies sont régies par des
lois particulières. »

veut *des lois*, rien que *des lois*, pour régir les colonies. L'ordonnance du 26 février 1831 en est donc la violation formelle.

Certes, l'accusation est grave : aussi le ministre, trop éclairé pour ne pas l'avoir pressentie, et se ménageant d'avance les moyens de se disculper, annonce, dans le rapport en tête de l'ordonnance, qu'un projet de loi avait été préparé et devait être présenté aux Chambres. Une loi était donc nécessaire ? Et pour éviter de la faire rendre et légitimer en quelque sorte l'ordonnance, il allègue le peu d'espoir que le projet puisse être discuté dans la présente session, et la nécessité d'établir au plutôt les personnes de couleur libres dans la jouissance entière des droits civils. Admettre l'excuse, ce serait justifier un tort par un autre tort ; ce serait vouloir que la négligence du ministre à présenter à la sanction des Chambres les lois par lesquelles les colonies doivent être régies , lui servît d'égide contre le reproche qu'il a justement encouru, contre l'acte d'inconstitutionnalité qu'il a commis sciemment.

Non ! pour arriver aux fins de l'ordonnance du 26 février, une loi était utile, indispensable, et de l'absence de la loi inévitablement naît le délit.

Le ministre ajoute : « Au surplus , lorsqu'il » s'agit d'un bienfait réel et d'un acte de justice, » le Roi me paraît d'autant plus fondé à y pourvoir » par voie d'ordonnance , que les restrictions

» abrogées résultent des arrêtés par lesquels les
» administrateurs des colonies y ont ordonné la
» mise en vigueur du code civil, et ont été pro-
» noncées contrairement à l'esprit et à la lettre
» même du code noir ».

Que d'erreurs en peu de mots ! Je me bornerai
à signaler celles de fait. Mais avant tout, puisqu'il
s'agit d'un bienfait réel, d'acte de justice, qu'il
me soit permis d'adresser à cet égard une question
à M. le ministre de la marine.

N'était-il pas d'autres points de la législation
coloniale qui réclamaient à autant de titres une
part de cette sollicitude exclusive, unique objet
de l'ordonnance du 26 février ?

PAR EXEMPLE :

La réorganisation des tribunaux de première
instance, où l'unité de juge, incompatible avec
nos institutions actuelles, n'offre plus de garanties
suffisantes ;

L'application définitive du nouveau code de
procédure destiné aux Antilles ;

La promulgation d'un code de commerce, etc.

Pourquoi alors ne pas donner à l'établissement
de ces lois fondamentales d'ordre et d'utilité pu-
blique, les soins et la préférence, si libéralement
prodigués, à des intérêts privés, moins univer-
sellement reconnus ? Certes, le *bienfait* eût été

aussi réel, *l'acte de justice* aussi complet et la reconnaissance plus générale.

J'ai parlé d'erreurs, je dois les faire connaître.

1° L'arrêté promulgatif du code civil à la Martinique n'est pas une simple décision locale.

2° Les dispositions de la déclaration du 5 février 1726, ne sont, pas plus que celles du 7 novembre 1805, contraires à l'esprit et à la lettre du code noir.

Et d'abord, pour apprécier la valeur de l'arrêté, il suffit d'en lire le préambule.

« Sa majesté l'empereur et roi, voulant faire
» jouir les colonies des avantages du code civil
» établi en France, en a fait adresser des exem-
» plaires aux trois magistrats qui gouvernent la
» Martinique. Mais éclairé autant que juste, le
» Gouvernement français a senti que ce code
» pourrait, à quelques égards, être contraire aux
» intérêts de la colonie ; et, d'après cette sage
» prévoyance, *il les a autorisés à ne l'appliquer*
» *que dans les cas utiles, et à suspendre l'exécu-*
» *tion de toutes les dispositions qui pourraient*
» *blesser les convenances locales, etc.*

» Sur quoi, considérant que de tous temps on
» a connu dans les colonies la distinction des cou-
» leurs, qu'elle est indispensable dans les pays à
» esclaves, et qu'il est nécessaire d'y maintenir la
» ligne de démarcation qui a toujours existé entre
» la classe blanche et celle des affranchis ou de

» leurs descendáns ; que cette distinction d'état et
» de couleur a donné lieu à plusieurs lois locales,
» dont le maintien et la conservation sont égale-
» ment nécessaires, etc., etc. »

Il n'est pas besoin d'ajouter que cet arrêté colonial autorisé, dicté d'avance par le Gouvernement
français, ayant reçu depuis sa sanction dans les
formes suivies alors, a acquis force de loi, est loi
pour la Martinique. Et chose digne de remarque,
la prohibition de mariage qu'il prononce avait
déjà lieu, même en France, aux termes d'une cir-
culaire du grand-juge, ministre de la justice, du
30 pluviôse an 11, antérieure de trois ans.

Était-ce par une simple ordonnance qu'un acte
législatif de cette importance pouvait être rap-
porté?

Il en est de même de la déclaration du 5 février
1726; elle a plus encore, s'il est possible, le caractère de loi, car elle est directement émanée *de
la pleine puissance et autorité souveraine* (1); et
ainsi que l'édit du mois de mars 1685, plus connu
sous le nom de code noir, elle a été donnée comme
loi et *règle certaine*. Etait-ce également par une
simple ordonnance qu'un tel acte pouvait être
abrogé ?

Et pourquoi dire que cette déclaration est con-

---

(1) Personne n'ignore que cette formule distinguait les actes
législatifs (édits ou déclarations) des actes réglementaires (or-
donnances ou arrêtés).

traire à l'esprit et à la lettre même du code noir, lorsque loin de là, elle lui sert par són titre et son texte d'interprétation et de complément! Elle invalide, il est vrai, certaines dispositions de l'édit de 1685 ; mais le pouvoir qui les avait créées avait incontestablement le droit de les anéantir ; et le code noir ne se compose pas seulement de l'édit de 1685, mais d'un grand nombre d'autres actes émanés de l'autorité souveraine, desquels la déclaration de 1726 fait partie.

La conséquence de ces rapprochemens est, qu'en la forme comme au fond, l'ordonnance du 26 février 1831 est inconstitutionnelle, en opposition à l'art. 64 de la Charte.

Ce n'était que par une loi que l'arrêté du 7 septembre 1805 et la déclaration du 5 février 1726 pouvaient être valablement abrogés.

Ce n'était que par une loi que les droits nouveaux, concédés par l'ordonnance du 26 février 1831, pouvaient être justement attribués.

Si l'on considère maintenant que ces édits, déclarations, arrêtés, forment par leur réunion, leur homogénéité, le corps constitutif de ce qu'on est convenu d'appeler le système colonial, qu'en détacher une fraction inconsidérément et sans la nécessité la mieux reconnue, le soin le plus minutieux, la prévoyance la plus étendue, c'est ébranler l'édifice jusques dans ses fondemens, quel est celui qui, dans son âme impartiale, osera blâmer les habitans des colonies de regretter que les mesures prises par M. le ministre de la marine n'ayent pas été soumises à la sanction des Chambre, avant de recevoir, par voie d'ordonnance, une exécution dont les résultats peuvent être si graves, et qui, dans tous les cas, seront irréparables. Ah! cette plainte, fût-elle amère, injuste même, ne leur est-elle pas permise, quand les horribles souvenirs de Saint-Domingue les poursuivent, les menacent, comme l'épée de Damoclès!

Assurément, par là, je ne cherche point à prétendre que la législation politique des colonies n'est susceptible d'aucune modification, d'aucune réforme; que maintes dispositions restrictives sont encore en harmonie avec les exigences du temps, et la progression générale des idées, à laquelle les colons ne sont pas plus que d'autres restés étrangers; mais vouloir, sans gradations successives, brusquement déraciner des abus, des préjugés (je consens à m'exprimer ainsi) intimement liés aux mœurs, aux habitudes d'une population tout entière, et d'autant plus précieux qu'ils sont, pour un grand nombre, un gage de l'avenir, comme ils ont été la sauve-garde du passé, n'est-ce pas risquer le sort de l'insensé qui, impatient d'un bien-être plus rapide, épuise d'un trait le breuvage dont un usage modéré eût seul

été salutaire? Est-ce à la guérison qu'il arrive?
Non, c'est la mort qu'il se donne !

Le même danger menace les colons; et c'est
pour l'éviter que, dans une matière aussi grave,
dans cette question toute vitale, ils doivent en
appeler de la volonté ministérielle à la sagesse
des Chambres. De leurs délibérations réfléchies,
ils auront moins à craindre, plus à espérer; car
là, assurément, des voix généreuses s'élèveraient
encore pour défendre leurs besoins, leurs intérêts, leurs droits ; là, au moins, ils ne seraient
pas jugés sans être entendus, jugés par celui-là
même qui, institué pour les protéger, leur tuteur
naturel, les accuse devant un tribunal où ils
ne sont pas représentés (1).

Heureusement ce n'est pas toujours avec cette
légèreté, cette défaveur que la Martinique a été
régie. Aussi a-t-elle prospéré long-temps à l'abri
des institutions primitives, fruit du génie de Col-
bert. A toutes les époques, ces institutions et les
règlemens successifs qui en forment le complément naturel, ont été respectés comme le palla-
dium du bonheur et de la durée des colonies.
L'Assemblée nationale, pourtant si large en ses
réformes, en reconnut la sagesse, et se garda bien

---

(1) Voir le discours de M. le ministre de la marine à la séance
de la Chambre des Députés, du 21 février, sur le nouveau projet
de loi répressive de la traite des noirs.

d'y toucher ; elle fit plus , elle y ajouta de nouveaux priviléges ; et par son décret du 28 mars 1790 , elle déclara que :

« Considérant les colonies comme une partie de
» l'Empire français, et désirant les faire jouir
» des fruits de l'heureuse régénération qui s'y est
» opérée, elle n'a cependant jamais entendu les
» comprendre dans la constitution qu'elle a dé-
» crétée pour le royaume, et *les assujétir à des*
» *lois qui pourraient être incompatibles avec leurs*
» *convenances locales et particulières.*

» En conséquence, décrète que chaque colonie
» est autorisée à faire connaître son vœu sur la
» constitution, la législation et l'administration
» qui conviennent à sa prospérité et au bonheur
» des habitans, etc.

» Met les colons et leurs propriétés sous la
» sauve-garde spéciale de la nation ; déclare crimi-
» nel envers la nation quiconque travaillerait à
» exciter des soulèvemens contre eux. »

Dans les instructions à la même date, adres-
sées à la Martinique , l'Assemblée nationale s'ex-
primait ainsi :

« La nature des intérêts des colonies qui ne
» sauraient jamais se confondre avec ceux de la
» métropole , *les notions locales et particulières*
» *que nécessite la préparation de leurs lois* , éta-
» blissent de grandes différences entre elles et les
» provinces françaises , et nécessitent par consé-

» quent des différences dans leurs constitu-
» tions, etc.

» De là il résulte, quant au pouvoir législatif,
» que les lois destinées à régir intérieurement les
» colonies, peuvent et doivent sans difficulté se
» préparer dans leur sein (1) ;

» Que ces mêmes lois peuvent être provisoire-
» ment exécutées avec la sanction du gouverneur ;

» Mais que le droit de les approuver définiti-
» vement doit être réservé à la législature fran-
» çaise et au roi, etc. »

Ces principes furent consacrés par la loi du 28
septembre 1791, qui dispose ainsi :

« L'Assemblée nationale constituante voulant,
» avant de terminer ses travaux, assurer d'une
» manière invariable la tranquillité intérieure
» des colonies, et les avantages que la France
» retire de ces importantes possessions, décrète,
» comme article constitutionnel pour les colonies,
» ce qui suit :

» Art. 3. Les lois concernant *l'état des per-*
» *sonnes non libres et l'état politique des hommes*
» *de couleur et nègres libres,* ainsi que les règle-
» mens relatifs à l'exécution de ces mêmes lois,
» seront faites par les assemblées coloniales,

---

(1) *Voyez* sur ce point l'opinion remarquable de M Malouet :
Collection de Mémoires et Correspondance officielle sur l'Admi-
nistration des Colonies, tome 4, pages 23 et 49.

» s'exécuteront provisoirement avec l'approbation
» du gouverneur, etc. , sans qu'aucun décret an-
» térieur puisse porter obstacle au plein exercice
» du droit conféré par le présent article aux as-
» semblées coloniales. »

Étrange destinée des habitans blancs des colonies qui les force à regretter en 1831 la justice
qu'on ne leur refusait pas en 1790 !

C'est qu'alors on croyait les colonies de quelque
utilité pour la métropole; c'est qu'alors on se fai-
sait gloire de les protéger; c'est qu'on voulait con-
server et non détruire !

A Dieu ne plaise que je prête une pareille in-
tention à M. le ministre de la marine !

J'apprécie la loyauté de son caractère , je rends
hommage à la pureté de ses vues ; mais je crains
que la raison de l'administrateur n'ait pu entière-
ment se défendre de cette prévention contagieuse
qui, dans le monde, porte si légèrement à juger
les colonies sans les connaître. Je crains que l'in-
fluence irrésistible d'une impression première ne
l'ait insensiblement entraîné à accueillir des pré-
tentions dont les moins réelles sont toujours faci-
lement colorées d'une apparence de légitimité.
Involontairement séduit par ce qu'elles pouvaient
offrir de spécieux, sans doute il a cédé et a cru faire
le bien, en faisant ce qu'il a cru juste. Mais la justice
ne consiste-t-elle pas à n'accorder à chacun que ce
qui lui est légalement dû? Et dans les décisions con-

cernant les colonies que déjà M. le ministre a rendues, dans les projets qu'il prépare, qu'il annonce, tous les intérêts, tous les droits ont-ils été convenablement connus et discutés? ont-ils été religieusement respectés, garantis? C'est à la conscience du ministre qui a signé l'ordonnance du 26 février 1831, que je livre cette dernière réflexion.

Ad. G...

P. S. La feuille du *Moniteur*, qui a publié l'ordonnance du 26 février 1831, rapporte, par un rapprochement assez curieux, un arrêté des commissaires de Wilmington, dans la Caroline du nord, en date du 13 septembre 1830, prononçant contre les gens de couleur, même libres, des restrictions et des peines dont la législation des Antilles françaises ne contient pas d'exemples. Cependant la constitution des États-Unis est assez libérale, et fait l'objet de l'admiration de nos hommes d'état. Mais les Américains ont des colonies et ne veulent pas les perdre.....

Au moment où ces observations allaient être publiées, M. le comte d'Argout, appelé à d'autres fonctions, se trouve remplacé par M. le vice-amiral de Rigny. Il est à croire que le nouveau ministre de la marine, pénétré de l'illégalité de l'ordonnance du 26 février 1831, s'empressera d'en faire suspendre l'exécution, pour n'obtenir que de la loi, aux termes de l'art. 64 de la Charte, les modifications dont le régime colonial lui semblera susceptible. Son expérience des *hommes* et des *choses* dans l'administration confiée à ses soins est une garantie pour les colonies comme pour la marine.

RAPPORT

AU ROI.

Paris, le 24 février 1831.

SIRE,

Les hommes de couleur libres étaient soumis, dans nos colonies, à une législation restrictive dont les esprits éclairés appelaient depuis long-temps la réforme.

Votre Majesté a déjà fait cesser un grand nombre de restrictions, qui, d'après leur nature, pouvaient être abrogées par des actes locaux ; mais il en subsiste encore plusieurs qui se rapportent à l'exercice des droits civils les plus importans.

Dans les quatre colonies de la Martinique, de la Guadeloupe, de Cayenne et de Bourbon, les donations ou legs faits par un blanc à un individu de couleur sont déclarés de nul effet. A Bourbon seulement, la prohibition est en outre applicable aux donations et legs faits par des individus de couleur en faveur des blancs.

Les articles du code civil relatifs au mariage et à l'adoption, à la reconnaissance des enfans naturels dans la succession de leurs pères et mères, aux tutelles officieuses ou datives, ne sont exécutoires que des blancs aux blancs entre eux, et des affranchis entre eux. Ainsi le mariage ne peut être contracté que de blanc à blanc, d'individu de couleur à individu de couleur.

L'enfant issu d'un père blanc et d'une mère noire ou

de couleur ne peut être reconnu par son père, ni participer à sa succession.

L'adoption n'est permise qu'entre personnes de même classe ; les blancs peuvent seuls adopter des enfans blancs ou en être tuteurs. A la Martinique et à la Guadeloupe, les blancs ne peuvent même être tuteurs d'enfans de couleur; mais cette prohibition n'existe point ailleurs. A Cayenne, la tutelle pure et simple d'un enfant de couleur peut être donnée à un blanc.

Ces restrictions résultent des arrêtés par lesquels les administrateurs des quatre colonies y ont ordonné la mise en vigueur du code civil, moins les exceptions dont je viens de parler : un projet de loi qui devait en amener l'abrogation avait été préparé et devait être présenté aux Chambres ; mais dans l'état actuel des choses, il n'y a pas à espérer que ce projet de loi puisse être discuté dans la présente session.

Au surplus, lorsqu'il s'agit d'un bienfait réel et d'un acte de justice, le Roi me paraît d'autant plus fondé à y pourvoir par voie d'ordonnance, que les restrictions énoncées ci-dessus ont été prononcées contrairement à l'esprit et à la lettre même du code noir.

A la prochaine session, une loi consacrera ces dispositions en même temps qu'elle déterminera les droits politiques dont les personnes libres seront indistinctement appelées à jouir.

Par ces considérations, j'ai l'honneur de proposer à Votre Majesté le projet d'ordonnance ci-joint.

Je suis avec le plus profond respect,

SIRE,

DE VOTRE MAJESTÉ,

Le très-humble et très-obéissant serviteur,

Comte D'ARGOUT.

ORDONNANCE DU ROI.

LOUIS-PHILIPPE, ROI DES FRANÇAIS,

A tous présens et à venir, salut :

Considérant qu'il est nécessaire de rétablir au plutôt les personnes de couleur libres dans la jouissance entière de leurs droits civils ;

En attendant la confection des lois par lesquelles les colonies doivent être régies en vertu de l'article 64 de la Charte ;

Sur le rapport de notre ministre de la marine et des colonies,

Nous avons ordonné et ordonnons ce qui suit :

Art. 1er. Sont et demeurent abrogés, en ce qui concerne les dispositions qui ont restreint, à l'égard des personnes de couleur libres, la jouissance des droits civils, les arrêtés coloniaux portant promulgation du code civil à la Martinique, à la Guadeloupe, à la Guyanne française, et à l'Ile-Bourbon.

Sont également abrogées les restrictions portées aux articles 51 et 53 de l'édit du mois de décembre 1723, relatif à l'Ile-Bourbon, et la déclaration du 5 février 1726, concernant la Martinique et la Guadeloupe.

2. Notre ministre secrétaire-d'état de la marine et des colonies est chargé de l'exécution de la présente ordonnance.

Paris, le 24 février 1831.

LOUIS-PHILIPPE.

Par le Roi,

Le pair de France, ministre secrétaire-d'état de la marine et des colonies,

Comte D'ARGOUT.

DE L'IMPRIMERIE DE MOREAU, RUE MONTMARTRE, N° 39.